ORGANÍZATE Y SÉ MÁS EFICAZ

El abecé para ganar en tiempo y eficacia

Por Isabelle Aussant

Traducido por Laura Bernal Martín

Coaching en50MINUTOS.es

LA ORGANIZACIÓN EN EL TRABAJO

- **¿Problemática?** ¿Cómo organizarse mejor en el trabajo?
- **¿Utilidad?** Una buena organización en el trabajo es la clave de la eficacia: permite reducir los imprevistos y ahorrar energía.
- **¿Contexto profesional?** Organización personal, organización en el seno de una empresa, comunicación interna, delegación.
- **¿Preguntas frecuentes?**
  - ¿Por dónde empezar?
  - ¿Cómo detectar a los enemigos de la buena organización?
  - ¿Cómo regular ese estrés que le impide trabajar?
  - ¿Qué papel desempeña el acto de delegar en la organización del trabajo?
  - ¿Son la organización y la comunicación inseparables?
  - ¿Cómo optimizar su tiempo?
  - ¿Cómo gestionar las prioridades?

¿Se siente desbordado, ahogado por la cantidad de cosas que tiene que hacer hoy en el trabajo? ¿No sabe ni por dónde empezar y el estrés empieza a invadirle? Entonces es el momento de que demuestre su capacidad organizativa para que la situación no le supere.

Puesto que la organización es, en realidad, una herramienta de bienestar en el trabajo, le permitirá sentirse menos estresado y ser más eficaz en la realización de sus tareas. En verdad, en un medio profesional cada vez más exigente en el que el tiempo está dividido y las tareas se multiplican, ser capaz de organizarse de forma inteligente es casi una condición para la supervivencia.

Una buena organización se adquiere mediante herramientas, pero también gracias al conocimiento de uno mismo a través de sus valores, de sus necesidades y de sus límites. En este sentido, en este libro encontrará claves que le permitirán evolucionar hacia una mejor organización, adaptada a su propio funcionamiento.

El objetivo es poner en marcha una organización «ecológica», es decir, que le respete personalmente gracias a una reflexión global sobre su personalidad y sobre las herramientas de las que se adueñará, así como sobre su entorno de trabajo (sus colaboradores y los valores de la empresa). De esta forma, no tendrá la sensación de forzar las cosas y su entorno profesional le considerará sencillamente una persona muy eficaz.

EL ABECÉ DEL TRABAJADOR ORGANIZADO

EL MARCO ESTABLECIDO POR LA EMPRESA

El marco organizativo de la empresa probablemente no dependa de usted, pero es necesario que se amolde a ella. Por lo tanto, constituye un aspecto importante en la organización de su trabajo personal. Esta estructura está al servicio de los intereses de una empresa, porque le permite optimizar su funcionamiento y sus costes, así como al servicio del humano, mediante el respeto a cada individuo de dicha empresa.

De esta forma, la organización se posiciona como un punto fuerte en la comunicación en una empresa, ya que establece un protocolo que permite que cada servicio y cada individuo hable un mismo idioma. Para que este protocolo esté integrado, debe ser preciso y comprensible, es decir, simple, lógico y fácilmente transmisible. Además, debe ser la fuente de inspiración de cada organización individual y ser un ejemplo a seguir, una línea directriz.

Esto es lo que nos explica Pierre-Marie Gadonneix, director administrativo y financiero de *ITV Studios France*, que en unos años ha experimentado un gran desarrollo de los recursos humanos de su empresa.

«Nuestro objetivo es la producción de programas de televisión. Por ello, la organización es primordial, porque es un medio que sirve para optimizar la función primordial de la empresa. La optimización de costes requiere una organización muy eficaz que permita respetar al máximo la función de los recursos humanos. Hay que intentar que las presiones inherentes a la función no afecten al buen ambiente del trabajo.

[...]

No pueden existir varios sistemas de funcionamiento en una empresa. Es importante establecer procesos comunes a los que se adhiera cada colaborador desde el momento en que se le contrata. En caso contrario, esto crea no solo problemas prácticos y concretos en los proyectos, sino también tensiones en los equipos».

«CONÓCETE A TI MISMO»

Los valores

Nuestros valores nos construyen, están arraigados en nosotros. Le dan sentido a nuestros actos y nos empujan a actuar con todas nuestras fuerzas. Por ello es primordial conocerse para utilizar lo mejor posible estas bases. Por naturaleza, somos más eficaces en tareas que están en línea con nuestros valores. *A contrario*, cuando no estamos en armonía con las mismas, cada tarea requiere un considerable esfuerzo y nos lleva a menudo a posponerla (procrastinación) con la esperanza de que las ganas lleguen solas.

Dependiendo de la situación psicológica o física en la que nos encontremos, nos inspiramos en mayor o menor medida por un valor. Esto significa que revisamos constantemente nuestra escala de valores: por lo tanto, es importante hacerse preguntas sobre la misma con regularidad.

Ser consciente de los valores que nos guían nos permite jerarquizar nuestras tareas y, en consecuencia, organizarnos de forma más natural. Manténgase a la escucha de sus deseos, porque las tareas que quiera hacer serán acometidas con más rapidez y facilidad. Sin por ello olvidarse de consagrar su tiempo, de vez en cuando y cuando su nivel de energía sea más elevado, a las tareas que menos le agraden...

TOME PERSPECTIVA SOBRE SÍ MISMO

- ¿Cuáles son sus valores? Familia, amigos, trabajo, contribuir a la sociedad, deporte, éxito social, sinceridad, compartir. Anote todo aquello que aprecie.
- Clasifíquelos por orden de importancia: intente determinar cuáles son los valores que van en línea con la mayoría de sus acciones y de sus comportamientos.
- ¿Cómo los alimenta en el trabajo? ¿Qué podría hacer de forma diferente para ser más coherente consigo mismo?

Los límites

Conocerse significa también ser consciente de sus propios límites. Estos deben tenerse en cuenta a la hora de organizarse. Todos tenemos límites «auxiliadores», que nos permiten ser indulgentes con nosotros mismos y respetarnos, y límites «limitantes», que nos impiden actuar o lograr una determinada acción. Nuestros límites nos protegen o nos encierran. Por ello, es importante conocerlos para convertirlos en una fortaleza en nuestra organización. Pregúntese lo siguiente:

- ¿«Cuáles son mis límites "auxiliadores", los que me protegen, conservan mi energía y me permiten estar de acuerdo conmigo mismo y evolucionar?»
  - Ejemplo: No acepto el contacto físico, como una mano apoyada en mi hombro, a no ser que se trate de mis amigos íntimos.
- «*A contrario*, ¿cuáles son mis límites "limitantes", los que me bloquean y me impiden avanzar?»
  - Ejemplo: Suelo no intervenir en reuniones de grupo, prefiero dejar a los otros hablar.
- «¿Cuáles son los límites que le pongo a los otros? ¿Los formulo con claridad?»
- «¿Qué hago cuando una persona va más allá de mis límites? ¿Reacciono intentando que lo comprenda?»

Al responder a estas preguntas y al definir estos elementos, será claro consigo mismo y lúcido en sus acciones. Será un guía fiable para poner en marcha acciones coherentes y organizadas.

Asimismo, es necesario establecer límites ante los otros para estar en acuerdo con su entorno profesional. Para ello, es necesario una competencia relacional esencial: «el «saber decir que no». Jacques Salomé, psicosociólogo y escritor francés, nos dice que «atreverse a decirle "no" al otro es atreverse a decirle "sí" a uno mismo». El «saber decir que no» es una de las claves para una buena organización personal y contribuye a la realización personal. El hecho de rechazar ciertas cosas le evita someterse a los demás y le permite ser coherente consigo mismo: le ayuda a diferenciar entre sus urgencias y las de los demás. Decir «no» resulta mucho más fácil cuando conoce perfectamente las necesidades a las que dice «sí».

NO SE MALINTERPRETE

Estar disponible para los demás es evidentemente una gran cualidad, pero solo si no le impide hacer aquello por lo que la empresa le ha contratado. Además, una persona que sabe decir «no» a ciertas peticiones con tacto y firmeza le da más valor a su «sí» y este será más reconocido y apreciado. Esto no es señal de desacuerdo o de conflicto, sino la expresión de una diferencia, de una apertura a la posibilidad de un verdadero cambio.

LA RELACIÓN CON EL TIEMPO

Las buenas prácticas y las fuentes de ineficacia

Cada persona tiene su propia percepción del tiempo. Por lo tanto, es importante examinar su relación personal con el mismo y la forma en que lo gestiona. Al enumerar sus puntos fuertes y sus puntos débiles, estará capacitado para identificar las buenas prácticas que ha adquirido, así como las fuentes de ineficacia derivadas de su forma de trabajar.

De esta forma, podrá destacar ciertos puntos fuertes, como

llegar siempre puntual a las reuniones, y algunos puntos débiles, como trabajar siempre con prisas, lo que le da la impresión de realizar su trabajo de forma chapucera.

- Pregúntese sobre el origen de cada punto débil identificado. En el caso citado, el problema se deriva quizás del hecho de que se olvida de ocuparse antes de ciertas tareas: confía en su memoria y esta le juega malas pasadas. Una vez identificado, tiene la capacidad de encontrar una solución a su problema, determinando una acción precisa y cuantificable: el uso de un soporte que le permita acordarse de los acontecimientos o de las cosas que tenga que hacer en un momento dado, por ejemplo. Ahora solo tiene que elegir el soporte que más se adapte a su forma de trabajar: post-it, cuaderno, libreta, agenda electrónica o cualquier otra herramienta que prefiera, y que sea tanto práctica como accesible.
- En cuanto a las buenas prácticas que identifique, sea consciente de ellas y no dude en dirigirlas a solucionar sus fuentes de ineficacia. Como dice este *kōan* (frase para meditar) del budismo zen: «Lo que te falta, búscalo en lo que tienes».

El ritmo biológico

Se ha demostrado científicamente: tenemos ritmos internos que es bueno conocer y saber escuchar. A lo largo del día, la temperatura de nuestro cuerpo sufre variaciones de intensidad, así como nuestra fuerza muscular y nuestra actividad cerebral. De la misma manera, todas las funciones de nuestro organismo trabajan con altibajos.

Aunque se ha admitido que la eficacia es mejor durante el día entre las 10 y las 11 y entre las 15:30 h y las 16:30 h, tómese el tiempo de identificar las horas llenas y eficaces, en las que la actividad intelectual está muy alerta, y también sus horas vacías, en las que sus necesidades fisiológicas –hambre, cansancio, etc. – hacen que su rendimiento disminuya. Observar su comportamiento durante un día será el método más eficaz para examinar estos periodos más o menos productivos.

Para que su ritmo biológico sea una ventaja en su organización, tenga en cuenta estos ciclos para repartir las distintas tareas que tiene que realizar a lo largo del día. Se trata de planificar las tareas que demandan un gran trabajo intelectual en las franjas horarias en las que sabe que está en plena posesión de sus capacidades. Será mucho más eficaz.

LOS PARÁSITOS

Aquellos que contaminan el ambiente de trabajo

Los parásitos exteriores, sinónimos de distracción, afectan al rendimiento profesional. Entre ellos figuran, como es de esperar, los que molestan nuestros sentidos: el ruido, la temperatura, la mala ergonomía del lugar de trabajo, etc. Procure que su ambiente no le distraiga. Ventile su despacho al menos una vez al día y no dude en cerrar la puerta o ponerse música para aislarse cuando lo necesite.

PEQUEÑO PLUS

Convierta su puesto de trabajo en su pequeño hogar:

durante la semana, pasará la mayor parte de su tiempo en él, por lo que puede darle un toque familiar que haga que se sienta bien, como una pequeña planta o un objeto personal en su mesa, por ejemplo.

Las interacciones profesionales

Es relativamente raro que no se nos interrumpa cuando estamos trabajando, ya que se nos solicita constantemente (teléfono, correo electrónico, peticiones de ayuda, etc.). Si bien debemos estar constantemente disponibles para los demás, a menudo resulta muy difícil realizar una cosa de principio a fin sin tener que responder a peticiones externas.

Por ejemplo, existe una gran tentación a consultar el contenido de un correo electrónico cuando se recibe, e incluso a responderlo. Sin embargo, es mejor responder cada mensaje con tiempo en vez de despacharlo rápidamente o de aportar una respuesta parcial o poco útil como: «Lo consulto y me vuelvo a poner en contacto con usted». Sin duda, su interlocutor se alegrará de que su petición se haya tenido en cuenta, pero seguirá sin tener su respuesta y probablemente habrá interrumpido una tarea para leer su mensaje, de la misma manera que usted ha hecho para responderle.

¿QUÉ HAY QUE HACER EXACTAMENTE?

Comience estableciendo reglas en el uso de las herramientas de comunicación. Elija, por ejemplo, consultar su buzón de entrada cuatro o cinco veces al día como máximo, con intervalos más o menos regulares: por la mañana cuando llega, a media mañana, después de la pausa del mediodía, a media tarde y treinta minutos antes de irse.

Estos consejos también se aplican al uso del smartphone: contar con uno no significa estar disponible constantemente. Después de todo, ¡las contestadores también funcionan! Escuchará sus mensajes y le devolverá la llamada a sus interlocutores cuando haya concluido la tarea que esté realizando. En este caso la respuesta que ofrecerá también será mejor si no tiene la cabeza en otra parte.

El estrés

No todos los parásitos proceden del exterior. Algunos de ellos, muy perjudiciales, se esconden en nosotros. En más extendido y nocivo de todos es sin lugar a dudas el estrés.

El estrés es una dramatización del futuro. Cuando nos estresamos, nuestro estado mental se altera: nuestro comportamiento, nuestras emociones y nuestro humor pueden ir de lo racional a lo irracional y nuestras acciones pierden su coherencia, lo que en ocasiones lleva a desarrollar una parálisis total de nuestras capacidades.

El estrés en el trabajo no es fatal y se puede esquivar. La clave pasa por definir correctamente lo que es de su competencia y lo que no lo es. Imagínese tres zonas a su alrededor en las que va a ubicar las tareas que tiene que realizar:

- su zona de impacto. Se trata de la zona más cercana a usted, en la que sus decisiones y sus acciones tienen un resultado directo;
- su zona de influencia. Se encuentra un poco más alejada. Puede actuar en esta zona pero nunca alcanzará directamente el objetivo. Sin embargo, sus actos pueden tener influencia en el mismo;
- su zona fuera de impacto. Esta zona está demasiado lejos de usted, haga lo que haga, no tiene ningún control sobre lo que sucede en ella.

Cada zona es susceptible de generar estrés, incluida la zona más alejada. No obstante, esta última está fuera de su alcance: no puede hacer nada para cambiar la situación. Por lo tanto, más vale dejar de preocuparse y centrarse en sus zonas de impacto y de influencia. Intervenir lo máximo posible en estas zonas le permitirá canalizar mejor su proceso emocional y, en consecuencia, impedir que el estrés aumente.

Tomemos el siguiente ejemplo: coge el avión para reunirse con varios clientes importantes en otro país, y el vuelo tiene dos horas de retraso, lo que hace que inevitablemente tenga retraso todo el día. En lugar de empezar a morderse las uñas, comprenda que el retraso del vuelo está fuera de su alcance: no puede hacer nada para que el avión llegue antes (zona fuera de impacto). Por el contrario, lo que haga durante ese tiempo de espera depende por completo de usted (zona de impacto). Concéntrese en ello y no se sienta presionado inútilmente por culpa de un retraso que no es culpa suya.

- Mire las cosas tal como son, sin interferencia emocional: es necesario mediar entre los hechos objetivos y lo que siente en relación con esos hechos.
- Viva en el presente: esto le evitará anticiparse a un posible resultado negativo que le estresaría de antemano. En vez de pensar: «Si hago esto, podría pasar esto» piense: «Hoy actúo de esta forma para alcanzar tal objetivo válido, esperando tales resultados» y no se olvide de que nadie puede preverlo todo.

La procrastinación

La procrastinación es un síntoma que consiste en dejar para mañana lo que podría o debería hacerse hoy. Este arte de dejar las cosas para más tarde se manifiesta principalmente cuando hay demasiadas cosas que hacer en un mismo periodo de tiempo, o cuando tenemos que hacer algo que va en contra de nuestros valores. Llegamos entonces a pensar constantemente en lo que tenemos que hacer sin encontrar la energía para hacerlo.

Empiece recordando este principio: si cuenta con todos los datos necesarios, actuar inmediatamente es siempre más rápido y a menudo más eficaz que prever hacerlo más tarde.

Ahora bien, si es absolutamente necesario que deje ciertas cosas para el día siguiente, la mejor solución es convertir esta tendencia a la procrastinación en una herramienta positiva y creativa mediante el análisis de las consecuencias futuras que posponer cada acción acarrea sobre usted y sobre su entorno profesional. Esto le permitirá establecer prioridades con más facilidad. Pregúntese qué aplazamiento tiene más posibilidades de tener una consecuencia más grave, concéntrese en esa tarea y deje las demás para más tarde.

¡ATENCIÓN!

No se olvide de reservar un momento, durante la semana o durante el mes, para realizar todas aquellas pequeñas cosas que haya dejado a un lado, ¡esta vez sin excusas!

LA JERARQUIZACIÓN DE LAS TAREAS

Después de haber explorado los factores internos al desarrollo de su propia organización, es importante jerarquizar sus tareas. Algunas deben acometerse antes que otras debido a su carácter prioritario. Esto parece evidente, pero no es tan fácil de llevar a cabo porque se trata de conocer cuál es la diferencia entre lo que es importante y lo que es urgente, y de no confundir la rapidez con la eficacia.

Para ello, es más sencillo ir paso por paso. Una vez más, yendo poco a poco, avanzará mucho y, sobre todo, en la buena dirección.

• Comience identificando claramente las tareas que le

corresponden personalmente en cada proyecto en el que se implique. Descomponga al máximo las actividades más exigentes y completas en distintos elementos que se puedan realizar más fácilmente.

- Haga una lista, ya sea en una simple hoja en blanco o en una tabla hecha en un dispositivo, para ser consciente de la extensión de las acciones que hay que llevar a cabo para cada proyecto. Para que la lista sea eficaz, cada tarea debe comenzar por un verbo que apele a la acción.
- A continuación, clasifique las tareas según su grado de urgencia y de importancia, dándole un número a cada una. Esto le permitirá tener en cuenta la lógica cronológica de los acontecimientos así como lo que es compatible con sus valores, pero también las expectativas y las necesidades de sus colaboradores y de la dirección. Por ejemplo: n.º 1 – Contactar con los proveedores; n.º 2 – Hacer un inventario de las necesidades de los clientes; etc.
- Por último, es necesario que planifique las tareas basándose en su duración, calculando someramente el tiempo necesario para realizar cada una de ellas. Es importante mantener al día el calendario, lo que le dejará un margen

de maniobra para gestionar los imprevistos. Obtendría lo siguiente: lunes y martes –Contactar con los proveedores; miércoles –Hacer un inventario de las necesidades; etc. Revise la planificación cuantas veces sea necesario.

En el caso en el que se encuentre con dificultades a la hora de planificar ciertas acciones porque todas le parecen urgentes, regrese a la etapa precedente y revise, si es el caso, la clasificación. Pregúntese si tal tarea no puede realmente esperar al día siguiente o a la semana siguiente. Si es necesario y cree que es aceptable, no dude en pedir lo antes posible un poco más de tiempo a su cliente o a su superior.

Sea responsable de sus actos e intente culminar las tareas planificadas para cada día. Dará su fruto de inmediato: el sentimiento de satisfacción intenso ante el trabajo finalizado. Y si se da cuenta de que se queda atrás, revise su planificación y modifíquela de forma que se ajuste a la realidad.

¡APRENDA A DELEGAR!

Ahora que tiene una visión clara del trabajo que le espera, sin duda se dará cuenta de que debe buscar en otros recursos diferentes a los suyos si quiere que todo se haga a tiempo.

En realidad, delegar permite repartir mejor el volumen de trabajo y favorece el espíritu de iniciativa. Esto permite desarrollar un verdadero trabajo de equipo, una mejora de la productividad y una forma de gratitud para cada uno. Al delegar, define su papel, se posiciona en relación con los otros y anima la toma de responsabilidades. Se trata, por lo tanto, de un elemento primordial en su propia organización y en la de la empresa.

A este respecto, Pierre-Marie Gadonneix nos dice:

> «Estoy en copia de todos los correos electrónicos pero no intervengo si los destinatarios no me lo piden directamente. Delego, lo que por mi parte me permite dedicar tiempo a tomar distancia y trabajar sobre aspectos menos funcionales».

«¿Qué puedo delegar?»

La matriz de Eisenhower

La matriz de Eisenhower permite responder a esta pregunta.

Encárguese personalmente de las tareas que considere urgentes e importantes, pero no dude en delegar lo que es importante pero menos urgente, o lo que es urgente pero poco importante.

No olvide que delegar también precisa dedicar tiempo a planificar y a comunicar, por lo que es mejor pasarle directamente a otros tareas bastante pesadas o repetitivas, que justifican el tiempo dedicado.

«¿En quién delegar?»

Para saber en qué persona delegar un proyecto, también es necesario proceder etapa por etapa:

- evaluar la tarea que se va a delegar;
- determinar las competencias y las responsabilidades necesarias para cumplirla;
- elegir a una persona competente y motivada. También puede considerar simplemente su potencial, con el riesgo de tener que proporcionarle una formación complementaria.

LO QUE HAY QUE EVITAR

No delegue a ciegas. Si se basa en una evaluación aproximada y subjetiva de un colaborador y dando por hecho que estará encantado de que deleguen en él, usted se arriesga a perder tiempo más que a ganarlo si resulta que se equivocaba. Probablemente tendrá que revisar el trabajo efectuado.

«¿Cómo delegar correctamente?»

Para delegar con éxito es necesaria una comunicación adaptada. Para ello, puede basarse en estos tres modos de comunicación:

- el *reporting* o la información ascendente del colaborador al que da la orden;
- el *debriefing* o el intercambio al mismo nivel de los diferentes interlocutores;
- el balance o la información descendente de quien da la orden al colaborador.

Mediante el uso de estas técnicas, estará capacitado para delegar eficazmente un proyecto siguiendo las siguientes etapas:

- defina un objetivo claro y preciso que será comunicado y respetado. Para ello es necesario un compromiso recíproco sobre los medios y las responsabilidades que se han definido con claridad;
- el acto de delegar tiene que ser congruente con el objetivo y estar en armonía con las expectativas del colaborador, respetando siempre sus intereses. Debe ser un intercambio en el que todos ganen. Usted delega una tarea para que se alcance el objetivo que se ha fijado. El colaborador también tendrá que sacar beneficio: sentir que es la persona adecuada para realizar la tarea, poder mostrar su esfuerzo, sus competencias, así como demostrar que es capaz de superarse. Esté atento a posibles resistencias y también a un excesivo entusiasmo, y trátelo con la comprensión o la firmeza que sea necesaria;

- garantice el seguimiento, es decir, el control que se debe realizar con regularidad, sin por ello llegar a ser asfixiante. El control permite modificar una iniciativa si es necesario, felicitar, tomar una acción suplementaria, añadir o retirar medios, etc.;
- prohíbase el comportamiento de «lo hago en tu lugar». Usted tiene su forma de hacer las cosas y su colaborador puede que tenga otra un poco distinta. ¡Dele rienda suelta! Lo importante es que el colaborador haya comprendido el objetivo que le ha fijado y los criterios necesarios para lograrlo;
- cuide su comunicación, ya sea antes, después o durante la ejecución de la tarea delegada. ¿Ha preparado bien el terreno de la tarea que va a delegar? La comunicación que haya instaurado de antemano le será útil durante y después de la tarea;
- no se olvide de cerrar la experiencia con un momento post-delegación. Proporcionarle al colaborador observaciones sobre la experiencia tiene una importancia primordial para su desarrollo y su adhesión a la empresa.

LOS MEJORES CONSEJOS

- Evite la sobrecarga, es el enemigo de la organización: clasifique y deseche al mismo tiempo. Dejar el despacho ordenado antes de irse a casa significa un despacho acogedor a la mañana siguiente, para empezar bien el día.
- Organice su puesto de trabajo de forma ergonómica. Minimice los movimientos que tiene que realizar teniendo a mano los archivos o las herramientas que utiliza más de una vez al día. Ordene todo de forma simple y práctica para encontrar rápidamente lo que busca. Por ejemplo, para encontrar un archivo guardado en una carpeta dentro de un clasificador que está en un cajón se necesitan demasiados movimientos. Y esto se traduce en una pérdida de tiempo, de energía y de concentración si se queja por no encontrar el documento que busca en vano.
- Sea comprensible e inteligible para sí mismo y para sus colaboradores, tanto en su comunicación oral como en la escrita: un nombre de archivo definido según una nomenclatura común le hace ganar tiempo a todo el mundo.
- Esclarezca sus proyectos y apoye sus intenciones mediante el establecimiento de subobjetivos concretos para que queden más claros. Divida al máximo las actividades exigentes y complejas en diferentes elementos que se puedan realizar más fácilmente.
- Sea consciente de sus responsabilidades. Hacerse cargo de la parte de responsabilidad que le corresponde sobre una tarea y definir sus límites le evitará soportar la parte de los otros en lo que se refiere al conjunto del proyecto,

lo que sin lugar a dudas genera estrés porque no se trata de una tarea de su competencia.

- Fije en su agenda los acontecimientos que se den regularmente cada mes o cada año. Esto le permitirá anticipar y preparar dichas tareas.
- Anote en su agenda las cosas esenciales y profesionales. Es inútil sobrecargar su agenda profesional con notas de cumpleaños: esta confusión visual puede alterar su motivación y su energía.
- Calcule el tiempo necesario para la realización de las diferentes tareas. Cuando comienza una nueva tarea, es necesario que sepa cuanto tiempo va a dedicarle a la misma y que se mantenga fiel al mismo. Si no tiene una idea exacta, no dude en anotar la hora a la que empezó y la hora a la que terminó. Esto le permitirá utilizar este cálculo la próxima vez.
- En la misma línea, fije sus plazos: esto le permitirá poner en marcha un plan de acción sobre el día o la semana en función de sus prioridades.
- Prepare sus reuniones: orden del día, lista de participantes, cuestiones que hay que plantear, intervenciones contundentes, etc.
- Sea consciente de los recursos que necesita para ser eficaz. Elija las herramientas adecuadas y aprenda a usarlas: a menudo, la pérdida de tiempo y el estrés son consecuencia de herramientas no adaptadas o que no domina. No dude en pedir colaboradores con más experiencia que puedan dedicarle unos minutos de formación informal sobre el uso de una herramienta, en lugar de seguir tropezando todos los días con la misma piedra.
- ¡Haga pausas! Esto puede parecer paradójico pero des-

cansar cinco minutos cada dos horas puede permitirle ganar tiempo. De hecho, su cerebro no puede funcionar con una actividad máxima durante todo el día. Dele un respiro para que reponga fuerzas y continuar así con buen pie.

PREGUNTAS FRECUENTES

¿POR DÓNDE EMPEZAR?

Es primordial comenzar por realizar un trabajo sobre uno mismo. Tomar distancia de sí mismo y de su actividad es el camino ineludible que le permitirá realizar una buena organización. Determine los valores que le inspiran así como los límites que no quiere superar.

En función de estos valores y de estos límites, podrá saber qué tareas le motivan y en cuáles sería probablemente más eficaz, y cuáles le piden un esfuerzo extra. También será capaz de justificar un «no» ante una demanda que supera sus límites.

¿CÓMO DETECTAR A LOS ENEMIGOS DE LA BUENA ORGANIZACIÓN?

Para encontrar estos parásitos que se alimentan tanto en el exterior como en el interior de nosotros mismos, comience observando, escuchando y percibiendo las cosas que le rodean.

- ¿Su silla está a la altura adecuada?
- ¿Su pantalla y su teclado están bien colocados?
- ¿Puede acceder a su teléfono con facilidad? ¿Los auriculares están ajustados?
- ¿Hay ruido a su alrededor? Si es así, ¿de qué medios dispone para que su espacio de trabajo esté más insonorizado?

- ¿Suele ser objeto de debate la temperatura de la sala? Si de repente hace frío, ¿tiene por si acaso un jersey en el respaldo del asiento? Si por el contrario hace calor de repente, ¿por qué no ventila la sala?
- Etc.

Poco a poco, rectificando estos elementos que pueden parecer nada más que detalles, se sentirá mucho más cómodo en su ambiente de trabajo. Es uno de los primeros pasos hacia la eficacia.

Continúe analizando sus interacciones con los demás (colaboradores, superiores, clientes, proveedores, etc.): ¿son una fuente de distracción? Si así fuera, ¿cómo pude mejorarlas para que su concentración sufra lo menos posible? Relacione estas reflexiones con el uso de sus herramientas (ordenador, portátil, etc.): de esta forma, podrá equilibrar estos dos ejes apoyando uno en el otro.

En lo que se refiere a los frenos internos, su eventual tendencia a la procrastinación tiene fácil solución: si se supone que hace dos meses tenía que haber escrito tal informe o que haber ordenado tal material utilizado en el último evento, es el momento de coger el toro por los cuernos y detenerse sin falta en estas pequeñas tareas mil veces retrasadas.

Finalmente, aprenda a leer las señales que revelan estrés: dormir mal o frecuentes noches de insomnio; un fuerte cansancio; dolor de espalda; ansiedad de cara al día siguiente; etc. Siendo consciente de estos criterios, podrá reaccionar antes de ahogarse.

¿CÓMO REGULAR ESE ESTRÉS QUE LE IMPIDE TRABAJAR?

Usted ha determinado qué se sitúa o no en su zona de impacto y, sin embargo, el estrés sigue invadiéndolo cuando ve la montaña de tareas que tiene que realizar en un periodo de tiempo que se encoge ante sus propios ojos. Para ayudarle a controlarlo, comience por identificar sus fuentes en el trabajo:

- ¿está relacionado con el contenido de su trabajo? Sobrecarga de trabajo, complejidad de las tareas, monotonía, nivel de responsabilidad, nivel de autonomía, riesgos profesionales, ritmo, presión, etc.;
- ¿está relacionado con el entorno de su trabajo? Ambiente (ruidos, temperatura, luminosidad, etc.), concepción de los puestos de trabajo, tamaño y estructura de la empresa, higiene, colegas, superior jerárquico, etc.

Cuando las fuentes de estrés estén claras, tendrá que aprender a reaccionar con calma. Para ello, es preferible organizarse con el fin de mantenerse en una zona de confort formada por tres elementos:

- la seguridad. Elija preferentemente las vías en las que se siente seguro, con el fin de recobrar poco a poco la confianza en sí mismo;
- la legitimidad. Si se le pide que adopte un nuevo comportamiento que no le parece legítimo, no cambie. Todo cambio debe ligar íntimamente su comportamiento con sus valores para poder tener posibilidades de éxito;

- la facilidad. Allá donde ha dado un primer paso, ha construido una base sólida para dar el segundo. Por lo tanto, elegir la facilidad es una garantía de éxito.

Y ahora, ¡a pasar a la acción! Concéntrese en su próximo movimiento, no en el trabajo final que debe realizarse o en el objetivo último que debe alcanzarse. Para ello, piense en términos de ACCIÓN. En lugar de ver la montaña que se encuentra ante usted, apóyese en hechos tangibles: planifique tareas concretas y realizables rápidamente, como: «Informarme sobre la competencia» o «Realizar una primera selección de las candidaturas recibidas». Cuando se realice la acción, siga por la siguiente, y así de ahí en adelante. Poco a poco, el trabajo avanzará y el estrés disminuirá.

¿QUÉ PAPEL DESEMPEÑA EL ACTO DE DELEGAR EN LA ORGANIZACIÓN DEL TRABAJO?

Delegar algunas tareas de menor importancia o menos urgentes puede permitirle dedicarle tiempo a otras tareas en las que realmente merece la pena que se ponga manos a la obra personalmente. También puede decidir delegar tareas para las que está menos capacitado que uno de sus compañeros. Esto le permitirá ganar tiempo a todo el mundo: a usted en concreto, pero también al proyecto en general.

Ser capaz de delegar con eficacia es por lo tanto un elemento que sirve de guía para una buena organización en el trabajo. Para ello:

- evalúe la tarea y las competencias necesarias para elegir

sensatamente a la persona a quien confiarle la misma;
- defina con ella un objetivo claro y preciso, después déjele campo libre en lo que se refiere a la manera de realizar la tarea, garantizando aun así un seguimiento regular;
- haga circular la información antes, durante y después de la delegación, con ayuda del *reporting*, del *debriefing* y del balance;
- juzgue el resultado transmitiendo un informe, lo que le permitirá darle una señal de gratitud a su colaborador e influirá así en su motivación.

¿SON LA ORGANIZACIÓN Y LA COMUNICACIÓN INSEPARABLES?

Desde el momento en el que quiere poner en marcha un proyecto que precisa varias competencias, en el que quiere delegar una tarea o en el que quiere enfrentarse a un conflicto, es necesaria la comunicación. Por ello, es indispensable ser responsable de su comunicación y dominarla con el fin de que esto no suponga un freno a la hora de organizarse.

De esta forma, la apertura a los otros, la escucha activa, la capacidad de leer el lenguaje paraverbal y no verbal, la reformulación de la información y el arte de cuestionar forman parte de las herramientas clave para una comunicación eficaz.

Algunas recomendaciones a tener en cuenta y aplicar

- Considero y aprecio a mi interlocutor en la medida adecuada.

- Mantengo cierta distancia emocional para conservar mi neutralidad.
- Estoy a la escucha de las necesidades concretas de una situación y dejo las otras a un lado. De esta forma, mantengo mi concentración centrada en las buenas intenciones y me conservo lúcido.
- Soy explícito en mis intenciones, inspiro confianza.
- Hago circular la información en los dos sentidos; de esta forma alimento el movimiento necesario en toda comunicación.

Los «anticomunicación»

Los «anticomunicación»

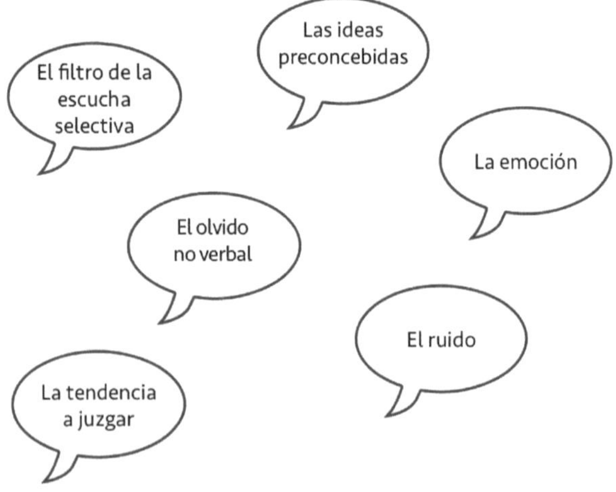

¿CÓMO OPTIMIZAR SU TIEMPO?

En unas jornadas repletas de tareas, el tiempo es oro. Analice su informe a tiempo para extraer las conclusiones correctas sobre los aspectos que es preciso mejorar.

Sea consciente de sus buenas prácticas y también de sus fuentes de ineficacia para trabajar sobre ellas. Para conocerlas, responda a las siguientes preguntas en el orden indicado:

* ¿Es difícil para usted gestionar el tiempo que se le fija para ejecutar una tarea?
* Si la respuesta es positiva, ¿cuáles son las dificultades a las que se enfrenta más a menudo?
* ¿Qué hace que se encuentre con esta dificultad?
* ¿Qué consecuencias tiene esto sobre su organización?

Hacer una lista con sus dificultades le permitirá proponer una solución para cada una de ellas y potenciar el beneficio que sacará de ellas.

Otra forma de optimizar su tiempo de trabajo es planificar sus jornadas laborales en función de su ritmo biológico. Utilice al máximo sus horas de más concentración programando para ellas las tareas que más esfuerzo intelectual requieran. Y si su trabajo le impone mantenerse extremadamente concentrado hasta las 13h, nada le impide anticiparse a esta pérdida de tono y tomar un tentempié a las 10h.

¿CÓMO GESTIONAR LAS PRIORIDADES?

Las prioridades las definen dos polos: usted mismo y su entorno. Saber gestionarlas significa:

- distinguir entre las tareas urgentes y las importantes. Las tareas urgentes deben ser respondidas, pero nunca en detrimento de las importantes. Para ello, programe siempre la realización de al menos una tarea importante al día;
- encuentre el equilibrio adecuado entre lo que se pide que haga y lo que usted juzga adecuado hacer. Vea la petición en su globalidad, intentando calcular si lo que se le pide es importante en relación con sus objetivos o con los de su equipo. A continuación, ha de saber explicarle lo que piensa de las cosas a sus colegas o a sus superiores –porque la importancia de una tarea puede a veces ser un elemento subjetivo– y sea capaz de decir «no» o de solicitar un plazo adicional cuando esto pueda afectar a su trabajo.

En resumen, actúe por orden decreciente: encárguese primero de las tareas que, si no se realizan, tendrán consecuencias graves en su trabajo y en el de sus colaboradores, independientemente de si son tareas urgentes o importantes, después de aquellas cuyas consecuencias son más limitadas, y así sucesivamente.

¡AHORA ES SU TURNO!

A continuación encontrará ejercicios muy simples que le permitirán ser consciente de su situación actual, proponer soluciones en relación con los diferentes ejes de mejora y evolucionar así hacia una organización eficaz y competente.

LA GESTIÓN DEL TIEMPO

Objetivo: identificar lo que reduce su eficacia en la gestión del tiempo.

Haga una lista de sus puntos débiles en una tabla. Para cada uno de ellos, anote la razón y la solución posible que usted propone; y con el fin de que se fije un objetivo cuantificable, prevea un plazo para aplicar la solución.

Gestión del tiempo

Puntos débiles	Razones	Soluciones	Plazo para resolverlo

LA GESTIÓN DE LAS PRIORIDADES

Objetivo: analizar las tareas realizadas y las que aún no se han llevado a cabo durante la jornada y su nivel de prioridad.

Elabore en una primera tabla una lista de las tareas realizadas durante un día hora por hora. Después, en una segunda tabla, indique las tareas que no ha sido capaz de completar.

Tareas realizadas

Horario	Tareas realizadas	Nivel de prioridad
7h		
8h		
...		
...		
...		
19h		

Tareas no realizadas

Horario	Tareas no realizadas	Nivel de prioridad
7h		
8h		
...		
...		
...		
19h		

Partiendo de esta base, responda a las dos preguntas siguientes y, siguiendo las respuestas, reexamine eventualmente el nivel de prioridad de ciertas tareas:

- ¿Qué consecuencias tienen sobre su jornada laboral las tareas no realizadas?
- ¿De qué otra manera podría haber actuado?

LOS PARÁSITOS

Objetivo: recuperar la energía decidiendo eliminar los parásitos.

Enumere en forma de tabla al menos tres cosas que, cotidianamente, parasitan su organización en el trabajo y que gastan inútilmente su energía. A continuación, tómese tiempo para reflexionar sobre aquello que podría llevar a cabo para reducir el impacto negativo de estas distracciones.

Parásitos

Enunciado del parásito			
Coste			
Acciones propuestas			
Beneficios buscados			
Fecha prevista			
Fecha efectiva			

EL ESTRÉS

Objetivo: volver a centrar su energía en su zona de impacto mediante la clasificación de los diferentes factores de estrés.

Enumere los factores estresantes con los que se topa durante una jornada laboral: aquellos que percibe como positivos (nuevo proyecto, formar alguien que está en prácticas además de realizar su trabajo habitual, etc.) y aquellos que percibe como negativos (presión, conflictos, etc.).

Sitúe los factores en uno de los siguientes círculos:

Zonas

Por último, considere los factores estresantes negativos que se sitúan en su zona de influencia y en su zona de impacto: ¿qué puede hacer a partir de ahora para reducir su estrés y optimizar su energía?

¡Tu opinión nos interesa!
¡Deja un comentario en la página web de tu librería en línea,
y comparte tus favoritos en las redes sociales!

PARA IR MÁS ALLÁ

FUENTES BIBLIOGRÁFICAS

- Salomé, Jacques. 2008. *À qui ferais-je de la peine si j'étais moi-même?* Montreal: Les Éditions de l'Homme.

OTRAS FUENTES

- Curso de coaching en la Haute École de Coaching con Philippe Duvillier y Fabienne Lemaigre-Voreaux, coachs y formadores certificados.

© **en50Minutos.es, 2017. Todos los derechos reservados.**

www.en50Minutos.es

ISBN ebook: 9782806277152

ISBN papel: 9782806285942

Depósito legal: D/2016/12603/530

Libro realizado por <u>Primento</u>, el socio digital de los editores